Sie hörte den Zigeuner singen

Edith Bussmann kam 1929 in Münster/Westf. zur Welt. Die Mutter zweier Kinder begann erst spät mit ihrer schriftstellerischen Tätigkeit. Schwerpunkt ihrer Arbeit sind ihre Kindheitserfahrungen und -erlebnisse während des Dritten Reiches. Doch die Autorin schreibt nicht nur, sie engagiert sich auch in Vorträgen für die Werke der Verbrannten Dichter und für moralisch-ethische Fragen, die die Wissenschaft aufwirft. So arbeitet sie seit 1986 an einer Studie über die Gentechnologie. Edith Bussmann ist Mitglied der Christlichen Autoren und der Gertrud-von-Le-Fort-Gesellschaft.

Armin Maurer wurde 1965 in Hermannstadt/Rumänien geboren. 1979 verließ er Rumänien. Noch während seiner Schulzeit in Ingolstadt lernte er Edith Bussmann kennen. Ihre Lebensgeschichte half ihm, bisher unbewältigte und verdrängte Eindrücke seiner eigenen Kindheit ans Licht zu holen. So entstanden die Illustrationen zu diesem Buch.

Edith Bussmann

Sie hörte den Zigeuner singen

Ausgestoßene des Nationalsozialismus

Illustriert von Armin Maurer

Coppenrath Verlag Münster

Originalausgabe

ISBN 3-88547-488-3

© 1988 Coppenrath Verlag Münster
Alle Rechte vorbehalten, auch auszugsweise.
Lektorat: Carola Henke
Gesamtherstellung: Elsnerdruck Berlin

Inhaltsverzeichnis

Leben im Barackenlager
1935 bis 1945

„Sie hörte den Zigeuner singen" sind Erzählungen persönlicher Erlebnisse. Erst jetzt, aus großer Distanz zum Geschehen, ist es mir möglich, sie wiederzugeben. Ist es mir möglich zu erzählen, was mir in meinen Erinnerungen immer gegenwärtig ist. Aber auch nur das. Es war nicht in meinem Sinn, die Erzählungen aus heutiger Sicht zu ergänzen, zu konstruieren, zu vervollständigen. So haben sie fragmentarischen Charakter.

Damals im Barackenlager, in dem ich mit meinen Eltern und meinen beiden Brüdern in den Jahren 1935 bis 1945 leben mußte, hatte jeder mit der Realität seines Ausgestoßenen-Daseins zu kämpfen. Wir, die Barackenbewohner, waren ausgestoßen aus der Gemeinschaft der Nationalsozialisten und aus der Volksgemeinschaft. Der Glaube an den Führer Adolf Hitler war befohlen, war zu befolgen und zu leben. Ein überzeugter Nationalsozialist weihte dem Führer sein Leben und ergab sich bedingungslos seinen Befehlen. So versprach Adolf Hitler ein Deutsches Reich über alle Grenzen hinweg, gereinigt von bösen Geistern, die es zu vernichten galt. Dazu gehörten auch

wir, die Ausgestoßenen – die Andersdenken-
den, die Sozialisten, die Zigeuner, die Juden ...

Während des Schreibens fiel mir auf, daß ich
von Menschen berichte, die in ihrer nicht-aso-
zialen Struktur in ein asoziales Milieu gepreßt
wurden.
Ich sah den kleinen Schritt vom Menschsein
hin zur Kreatur! Das sind Eindrücke, die haf-
ten geblieben sind, die ich nie vergessen werde
und die ich an den inzwischen veränderten
Orten wieder erlebte.
Beispiele dieser Art haben wir auch jetzt in
anderen Erdteilen aufzuweisen, und es be-
rührt mich schmerzlich, wie sachlich wir die
Verknechtung anderer Menschen registrieren.
Zu den Menschen, die ich in diesen Erzählungen darstelle, hatte ich keinerlei Beziehung.
Sie lebten in dem Barackenlager so wie ich,
und ich weiß das von ihnen, was ich sah und
was in meiner Nähe geschah.
Ich sah die anderen und mich in dem Ausge-
liefertsein an Willkür und unbarmherzige
Macht.
Im Barackenlager wurden keine Erlebnisse,
auch keine Klagen ausgetauscht. Jeder stand in
der gleichen Bedrängnis, lebte mit der gleichen Angst. Jeder konnte von der SS oder Gestapo geholt und verhört werden, gedemütigt

und geschlagen werden. Und jeder konnte einfach nur fort sein und unauffindbar bleiben.

In dieser Hoffnungslosigkeit gedieh weder Freude noch Güte, weder Liebe noch Haß. Gegenüber den Mitmenschen bestand absolute Gleichgültigkeit. Das empfinde ich als das Unwürdigste, das einen Menschen befallen kann.

Die auf uns ausgeübte Macht konnten wir nur mit Gleichgültigkeit quittieren und hinnehmen. Es war für uns, die Ausgestoßenen, die Chance zu überleben.

Was in den Menschen vorging, die Macht ausübten, kann ich nur insofern beschreiben, daß sie sich an ihren Machtgefühlen berauschten.

Wie sehr die anderen an der auf sie ausgeübten Macht litten, zeigte sich daran, daß sie ihre Identität verloren und die Fähigkeit zu jeglicher Gefühlsäußerung.

Der junge Armin Maurer fand sich nach einigen Ansätzen gut in das Milieu dieses Gettos hinein. Seine Illustrationen spiegeln den grauen, trostlosen Alltag einer Bleibe für Menschen, für die der Nationalsozialismus ein einziges Verbrechen bleibt.

Edith Bussmann

Sie hörte den Zigeuner singen

An einem Spätsommerabend hörte sie ihn zum ersten Mal singen. Eine weiche, schmeichelnde und doch kraftvolle Stimme in einer ihr fremden Sprache.

In der Barackenwohnung war es heiß und stickig. Die Eltern und Brüder waren müde und gereizt. Sie schlich sich hinaus, der Stimme nach.

Der Zigeuner saß in der Hocke, sein Rücken lehnte an der Barackenwand, und er sang. Sie meinte, er sänge die Sonne an, die rot das Barackenlager beschien.

In einem Winkel zwischen Latrinen und Müllkippe hockte sie sich nieder und hörte dem Zigeuner zu. Aus seinem schmalen, braunen Gesicht blitzten weiße Zähne und schwarze Augen. Aus seinem Mund kamen Töne, die ihr Tränen in die Augen trieben, deren sie sich schämte. An seinen schlanken, braunen Fingern glänzte ein goldener Ring in der Abendsonne, und all das miteinander stellte für sie die Schönheit eines Mannes dar.

Sie wußte, daß er sie sah. Sie sahen sich, wie alle Menschen im Barackenlager: sehen, ohne einander wahrzunehmen.

So sang er einige Abende, und so hörte sie ihm zu.

Nach einer Nacht, in der die SS dagewesen war, ging ein Flüstern durch die Baracken – sie hätten den Zigeuner mitgenommen. Am Abend hörte sie kein Singen, und sie ging auch nicht hinaus.

Eines Tages war er wieder da. Er hockte an der Baracke. Sein Gesicht war fleckig, seine Augen blutunterlaufen, seine Kleider zerrissen, seine Hände fahrig und ohne Ring. Sein Mund blieb geschlossen, er sang nicht mehr. Sie hockte zwischen Latrinen und Müllkippe, und sie sah und wußte, was ihm geschehen war. Seine Gestalt war Qual, Beschämung und Hoffnungslosigkeit.

Dann haben sie ihn am Tage geholt. Sie fühlte seine Demütigung, und sie wußte, daß er nie mehr singen würde. Seine Stimme, das Feuer seiner Augen, die tierhafte Geschmeidigkeit seines Körpers, alles würden ihm die, die ihn holten, nehmen.

Eines Morgens fand man ihn in der Einfahrt zum Barackenlager. Dort war er wohl ausgeladen worden. Er konnte nicht mehr gehen, aus seinen geschwollenen Augen nicht sehen, und er sprach auch nicht. Nach einigen Tagen sah sie ihn, auf einen jungen Mann gestützt, vor der Baracke stehen. Er hinkte ein paar

Schritte, und sie hockte sich in den Winkel zwischen Latrinen und Müllkippe und sah ihn an. Es war nun kalt, und sie hüllte sich in ihren Mantel.

Er sah sie an, wandte sein Gesicht ab und humpelte auf die Tür zu.

Als sie ihn wieder holten, schleiften ihn zwei SS-Männer zwischen sich. Er konnte mit ihnen nicht Schritt halten. Er war nun ein verwundetes Tier.

Er kam nicht wieder. Wie so viele.

Advent

Auf dem Schulweg wurde sie von anderen Kindern gefragt, was sie vom Nikolaus bekommen habe.

Schweigend zuckte sie die Schultern. Sie mochte nicht sagen, daß es nichts war und die Mutter auch nicht von einem Nikolaus gesprochen habe.

In der Schule zündete die Lehrerin nach dem Weihespruch auf den Führer eine rote Kerze auf dem Pult an und stimmte das Adventslied „Tauet Himmel den Gerechten" an.

Die feierliche Stimmung machte sie traurig, und starr blickte sie in die hoffnungsvolle, kleine Kerzenflamme.

„Warum hast du nicht mitgesungen?" fragte die Lehrerin.

„Ich kenne das Lied nicht."

Verständnislos wandte sich die Lehrerin ab.

Verschämt setzte sie sich in die Bank, und über dem Grübeln, was nun Advent sei, fiel ihr die Teilnahme am Unterricht schwer.

„Mutter, was ist Advent?" fragte sie am Abend.

„Die Zeit vor Weihnachten."

„Und wann ist Weihnachten?"

„Wenn man einen Weihnachtsbaum aufstellt."

Beruhigt konnte sie schlafen, sie wußte es nun.

Wenn in den nächsten Wochen in der Schule Adventslieder gesungen wurden, bewegte sie den Mund und starrte nicht mehr in die Kerzenflamme. Die Lehrerin sprach von der großen Erwartung der Menschen auf den Herrn Jesus Christus, den Erlöser. Danach erzählte sie von dem Führer Adolf Hitler, der das ganze deutsche Volk erlöse, und sie konnte die Erlösungen nicht auseinanderhalten.

Zu Hause wurde ein Tannenbaum abgegeben, und sie stellte fest: „Jetzt ist Weihnachten, Mutter."

„Nein, noch nicht."

Als die Mutter den Tannenbaum auf eine Fußbank stellte und mit Lametta, das in einem Päckchen mit dem Baum abgegeben worden war, behängte, fragte sie wieder, ob Weihnachten sei, und die Mutter sagte: „Morgen".

Am nächsten Morgen ging die Mutter mit ihr und den Brüdern in die Kirche. Auf dem Weg dorthin fielen ihr die fröhlichen, gutgekleideten Menschen auf, die sich gegenseitig „Frohe Weihnachten" wünschten. In der Kirche erklang ein jubelndes Singen von der Erlösung der Menschheit, während der Mutter die Tränen über das Gesicht liefen.

Da wußte sie, daß Weihnachten nicht für alle das gleiche ist.

Führers Geburtstag

„Und morgen hat unser Führer Geburtstag",
hatte die Lehrerin nach dem Unterricht feier-
lich gesagt.
Die Bedeutung dieses Geburtstages war ihr
nicht klar. Doch ihre Überlegungen, wie der
Geburtstag des Führers gefeiert werden sollte,
wurden von den morgendlichen Pflichten ver-
drängt.

Am nächsten Morgen, einem kalt-sonnigen
Apriltag, zogen Uniformierte, Hitlerjugend
und SA, die nasse Landstraße entlang und
sangen mit rauhen Kehlen und weißen Atem-
wolken vor dem Mund die Treue auf den
Führer.
Auf der Wilhelmstraße sah sie das erste ge-
schmückte Fenster mit dem Führerbild. Mit
angehaltenem Atem blieb sie stehen, um diese
Art Altar zu betrachten. Wie zu einer Prozes-
sion war das Haus hergerichtet. Im oberen
Stockwerk des Hauses befestigte ein junger
Mann die Hakenkreuzfahne, und eine blonde
Frau rief ihm von der Straße aus zu, daß es so
sehr schön sei.
Sie ging durch die Straßen inmitten von Schul-
kindern, die erzählten, wie in ihrer Familie der
Geburtstag des Führers begangen würde, und

die Vielzahl der Hitler-Altäre machte sie befangen.
Auf dem Schulhof das feierliche Fahnenhissen, währenddessen Lehrer wie Schüler den rechten Arm in Schulterhöhe hielten und das Lied „Die Fahne hoch" sangen:

Die Fahne hoch,
die Reihen fest geschlossen,
SA marschiert
mit ruhig, festem Schritt.
Kameraden der Rot-Front
und Reaktion erschossen,
marschiert im Geist
in unseren Reihen mit.

Dann folgte das Deutschlandlied, ebenfalls mit erhobenem Arm.
In der Klasse wurde wiederum ein Loblied auf den Führer gesungen, und dann sprach die Lehrerin von den Wundertaten Adolf Hitlers.
Ihr Kopf war ganz wirr von den Erzählungen über diesen großartigen Gefreiten des Ersten Weltkrieges, der nun der Führer des Großdeutschen Reiches war.
Die Lebensgeschichte des Adolf Hitler wurde an diesem Tag wieder und wieder erzählt, Gedichte mußten aufgesagt werden, die diesen einmaligen Mann ehren sollten. Auch sie

wurde aufgefordert, ein Gedicht vorzutragen:

Halte dein Blut rein,
es ist nicht nur dein.
Es kommt weit her –
es fließt weit hin.
Es ist von tausend Ahnen schwer,
und aller Zukunft liegt darin.
Halte rein das Kleid
deiner Unendlichkeit.

Doch die frohe, allgemeine Geburtstagsstimmung übertrug sich nicht auf sie. Klein und gedrückt saß sie in ihrer Bank und dachte, daß er das alles nur für die anderen ist. Für sie kann er nicht der große Führer sein. Ihre Eltern, Geschwister und sie leiden deshalb, weil der Vater nicht in treuer Gefolgschaft zum Führer steht.

Wenn alle, alle, die da sind, dachte sie, wenn alle, alle so sehr an den Führer glauben, ihn ehren, ihm folgen und alles, alles für ihn tun, dann müßte es diesem großen Mann doch gleichgültig sein, daß ihre Eltern, Geschwister und sie das nicht tun.

Krieg

Ein heißer Spätsommertag lag über dem Barackenlager mit Unruhe, hysterischem Frauengeschrei und einer sichtbaren Angst.

Etwa zwei Kilometer hinter den Baracken waren Truppenübungsplätze, und die Bewohner hatten sich daran gewöhnt, daß das Gelände des Lagers in die Übungen mit einbezogen wurde. Doch es war schon ein beklemmendes Gefühl, wenn man auf dem Weg zur Latrine an Soldaten vorbei mußte, die geduckt und mit schußbereitem Gewehr die Wände entlangschlichen. In den letzten Nächten waren nun Kolonnen von Soldatenstiefeln über die staubige Straße gezogen. Der stundenlange Gleichschritt verfolgte die Barackenbewohner auch am Tage; er bedrohte sie.

Ihre Eltern hatten es eilig, einen Besuch abzustatten. So gut wie möglich wurden alle fein gemacht. Der älteste Bruder sträubte sich. Wegen seiner Blässe und Müdigkeit zog er Ruhe vor. Die Eltern sprachen flüsternd, kurzatmig und gedrängt. Der Weg führte erst durch Wiesen, auf denen Kühe weideten. Sie sah den herrlichen Sommersonntag, die sorgenvollen Eltern, den kleinen Bruder, der mit hängendem Kopf an der Hand der Mutter ging, und in ihr, dem zehnjährigen Mädchen, war eine Traurigkeit, die nicht einmal zuließ, vom Wegrand Blumen mitzunehmen.

Auf den Straßen sahen sie Soldaten und Arbeitsdienstler in schmucken Uniformen, die hübsche Frauen und Mädchen spazierenführten. Die Frauen trugen knielange, bunte Kleider und großrandige Hüte auf dem Kopf. In den hochhackigen Schuhen staken seidenbestrumpfte Beine mit dunklen Nähten. In einem häßlichen Wohnviertel mit Mietskasernen sahen die Menschen dann nicht mehr so sonntäglich aus.

Sie betraten ein Haus, das dumpf und modrig roch. Die Treppen hinauf wurde der Geruch stärker und ekelhafter. Der Vater und die Mutter schnauften heftig, und Mutter betonte, daß sie ganz hinauf müßten.

Oben standen sie im Dunklen und hörten einen Wasserhahn tropfen. Auf das Klopfen der Mutter wurde eine Tür geöffnet. Eine alte Frau im Unterrock stand vor ihnen. Sie wurde von den Eltern in das dahinter liegende Zimmer gedrängt, das vor Not stank. In dem geöffneten Fenster saßen drei nackte Kinder, davor eine halbnackte junge Frau. Obwohl die Eltern die junge Frau ansprachen, antwortete nur die Alte mit gehetzten, vorgestoßenen Wor-

ten. Die welken Brüste der Alten waren durch den Unterrock sichtbar, und bei soviel unappetitlicher Nackheit meinte sie, den eigenen Speichel nicht mehr schlucken zu können.

Die Kinder saßen weiter in dem Fenster, die junge Frau davor, die alte Frau stand, sprach und drehte ihre Arme, so, daß die faltige Haut verschiedene Muster bildete. Ihre Eltern, ihr Bruder und sie saßen auf dem einzigen Bett. Dann sagte die Alte: „Kommt besser nicht wieder."

Sie gingen den gleichen Weg zurück, sahen die flanierenden Pärchen, einen Eismann, der seinen Speise-Eiswagen mit einem Fahrrad schob. Als sie an den Wiesen vorbeikamen, wäre sie am liebsten immer so weiter gegangen.

Im Barackenlager standen einige in Gruppen zusammen, was sonst nicht vorkam, und sprachen heftig miteinander. Ein Mann sagte: „Es ist Krieg."

Die Eltern blieben stehen, wollten es nicht glauben.

„Ja, es ist Krieg, mit Polen."

Schweigend gingen sie in ihre Baracke.

Der Bruder lag zusammengekrümmt auf dem Bett und schlief.

„Paul, es ist Krieg", sagte sie.

Der riß erschrocken die Augen auf und fragte:
„Krieg?"

Am gleichen Abend fuhr ein Lautsprecher-
wagen mit zwei Polizisten in das Lager.
„Der Führer spricht! Der Führer spricht zum
deutschen Volk", schallte es aus dem Lautspre-
cher.
Ein Polizist ging von Tür zu Tür und befahl,
dem Führer zuzuhören.
Von Hitlers kalter, schnarrender Stimme ver-
nahmen alle, daß Deutschland einen glorrei-
chen Krieg gegen Polen führt.

Die kaiserliche Tänzerin

Ein Pferdefuhrwerk kam ins Barackenlager, das großes Aufsehen erregte. Neben einem mürrisch dreinschauenden Kutscher saß eine Märchenfigur. Die runde Gestalt in Spitzen gehüllt, graue, gelockte Haare, eine Stielbrille vor den erstaunten Augen. Auf der Ladefläche standen Kisten, Truhen, Stühle, ein rotsamtener Sessel und darauf ein alter Mann, der eine weiße Matrosenmütze trug. Ein Uniformierter begleitete das Gespann. Er befahl dem Kutscher, das Gerümpel abzuladen, und den alten Leuten, ab jetzt hier zu wohnen. Der Alte schlug die Hacken zusammen und sagte „Jawoll!" Die alte Dame knickste und lächelte.

Verloren standen sie mit ihren Habseligkeiten auf dem Platz und machten Versuche, die Umstehenden anzusprechen. Einer der Zuschauer wußte, wo ein Zimmer frei war, und schweigend gingen einige daran, die Sachen hineinzutragen, nicht ohne sie durchzuwühlen und Brauchbares mitzunehmen. Die Dame inspizierte ihre neue Unterkunft und sagte zu dem Mann mit der Matrosenmütze: „August, gib den Leuten ein Trinkgeld."

August und die Leute blickten sich an, und die einen schlossen von außen und der andere schloß von innen die Tür.

Fortan sahen die Bewohner des Lagers einen geschäftigen August die Dame versorgen. Er wusch die Wäsche und die Dame. Er kochte und bügelte. Und durch das offene Fenster unterhielten die beiden freundlich die ungläubig schauenden Kinder und Erwachsenen.

August war Schiffsarzt gewesen, und sie – sie Tänzerin des letzten deutschen Kaisers.

Fotografien reichten die beiden Alten zum Fenster hinaus, die sie nicht unbedingt zurück haben wollten. Eines zeigte eine grazile junge Frau mit Ballettschuhen. Einen Fuß hatte die Tänzerin auf einen Stuhl gestellt, das süße Puppengesicht in ihre Hand geschmiegt. Das Bild war mit einem Namenszug versehen, der noch weniger interessierte als die Dargestellte.

Auf dem zweiten Foto stand ein junger Mann in Marineuniform auf einem riesigen Schiff.

Tagelang bereiteten sich die beiden auf einen Gang in die Stadt vor. Die alte Dame rief ständig nach August. Durch ihre Stielbrille schauend, trippelte sie hierhin und dorthin, voller Angst, nicht rechtzeitig in die Stadt zu kommen.

Als sie zum Ausgang bereit waren, trat ein Paar in Erscheinung, wie es im Lager einmalig blieb. Die Tänzerin in Spitzen gehüllt, auf den gelockten Haaren ein zierliches Hütchen, am Arm des Schiffsarztes, der seine schmuddelige weiße Uniform trug. Er ging sehr aufrecht, mit hochgezogenen Schultern, damit seine Hosen nicht am Boden schleiften. Sie wackelte auf geschwollenen Beinen an seinem Arm und teilte den erstaunten Barackenbewohnern mit, daß sie nun im Hotel Kaiserhof Kaffee trinken werden. Nach einigen Stunden kamen sie aufgelöst und erschlafft von dem weiten Weg aus der Stadt zurück. Die Beine der Dame waren mit ihrem Kot beschmutzt, und sie hatte ihr Lächeln eingebüßt.

Wenn SS-Männer im Lager waren, sprach die kaiserliche Tänzerin sie arglos an und stellte Forderungen. Sie lebte in dem Glauben, Kaiser Wilhelm II. müsse sein Versprechen, in alle Ewigkeit für seine Untertanen zu sorgen, halten. Als sie geholt wurden, war die alte Dame der Meinung, daß es auf Veranlassung des Kaisers geschehe. Vor allem auch, weil sie nichts mitzunehmen brauchten.
Ihr Kaiser hatte für sie gesorgt.

Anneliese

Anneliese war ein Mädchen von der anderen Straßenseite. Ein Mädchen mit einem anderen Leben. Ein Mädchen, das immer sauber gewaschen und gekleidet war und nie nach Hunger aussah. Ein Mädchen aus einer deutschen Arbeiterfamilie.
Mit ihr, die aus dem Lager kam, sprach Anneliese nur, wenn sie etwas für die Schule wissen wollte.

Die Lehrerin hatte einen Aufsatz aufgegeben, in zwei Tagen abzuliefern. Der Titel: „Ranzenpuffer".
Das Mädchen aus dem Lager beeilte sich, zwischen Abwasch und Zeitungsaustragen mit der Mutter das schon erfundene Märchen niederzuschreiben. Am Abend war dafür nicht einmal die Ecke des Küchentisches frei.

Am folgenden Tag wurde sie von Anneliese gefragt, ob ihr Aufsatz schon fertig sei. Auf ihr Nicken lud diese sie im Namen ihrer Mutter ein, zu kommen und für Anneliese den Aufsatz zu schreiben, weil niemandem in ihrer Familie zu dem Thema etwas einfalle. Ihre Entgegnung, daß sie doch gar keine Zeit habe, wurde überhört. Also würgte sie ihr Mittagessen hin-

unter, hetzte sich, um die Hausarbeit zu ver-
richten, und kam mit roten, nach Spülwasser
riechenden Händen bei Anneliese an.
„Du solltest doch früher kommen", sagte die.
„Sei leise, mein kleiner Bruder schläft."
Mit dem Gerede wurde sie in eine blitzblanke
Küche geschoben, wo Annelieses Mutter am
Tisch saß und Zeitung las. Anneliese legte ihr
ein Blatt und einen Bleistift hin und befahl ihr
zu schreiben.
Sie schämte sich ihrer roten, aufgeweichten
Hände, ihrer schmutzigen Schuhe – sie
schämte sich, das tun zu müssen.
Anneliese redete in einem fort.
„Schweig!" sagte sie, das Lagermädchen.
„Was fällt dir ein!" empörte sich die Mutter.
Da schrieb sie den Aufsatz und glaubte, er sei
völlig anders als der ihre.

Am nächsten Tag in der Schule meldete sich
Anneliese mehr als eifrig, um ihren Aufsatz
vorlesen zu dürfen. Als Anneliese geendet
hatte, sah die Lehrerin vor sich hin und sagte:
„Edith, lies deinen Aufsatz."
Die, nicht gewöhnt, von der Lehrerin beachtet
zu werden, fand zuerst ihr Heft nicht, dann
schlug sie die falsche Seite auf und schließlich
war sie so nervös, daß sie stotterte. Wieder sah
die Lehrerin vor sich hin. Dann sagte sie:

„Anneliese, deinen Aufsatz hat Edith geschrieben." Anneliese verneinte. Als die Lehrerin von Edith wissen wollte, wer Annelieses Aufsatz geschrieben habe, gab sie zu, die Schreiberin gewesen zu sein.

Am folgenden Tag rief Anneliese ihr zu: „Du sollst zu meiner Mutti kommen."
Als sie abgehetzt und beschämt vor Annelieses Mutter stand, beschimpfte diese sie: „Wie konntest du den Aufsatz so schreiben, daß die Lehrerin merken mußte, er ist von dir!" Mit glühenden Augen sah sie in das hochmütige Gesicht der Frau.
„Wir wollten dich eigentlich zu Annelieses Geburtstag einladen. Das kommt jetzt nicht mehr in Frage."
Es folgten noch einige abfällige Bemerkungen über Barackenvolk und Lagerpack und ein Lob auf den Führer und seinen Vorsatz, Menschen wie sie zu vernichten, dann war sie entlassen. Sie war froh, nicht zu dem Geburtstag eingeladen worden zu sein. Sie kannte derartiges nicht. Auch hätte sie nichts schenken können. Niemand bei ihr zu Hause würde auch nur an eine Geburtstagsfeier denken. Sie wußte nicht einmal, wann sie selbst Geburtstag hatte. Sie hätte daheim nicht gewagt, von einer Geburtstagseinladung zu sprechen.

Erleichtert rannte sie los, ihre Mutter zu treffen, um mit ihr Zeitungen auszutragen. Daß auch die mit ihr schimpfte, weil sie zu spät kam, überhörte sie.

Adam und Eva, nicht im Paradies

Im ersten Kriegsfrühling, an einem kalten Abend, erklang Musik. Auf dem Platz zwischen den Baracken bot sich Nie-Dagewesenes. Ein alter, fast ehrwürdig erscheinender Mann drehte einen Leierkasten. Darauf saß ein kleines graubraunes Äffchen, das ein Flitterröckchen trug. An seinem rechten Pfötchen hielt sich eine alte Frau fest, die angestrengt, mit schweren Männerschuhen an den Füßen, tanzte. Zierlich bewegte sie die freie Hand, die hin und wieder den Rocksaum hob und die Unterröcke wirbeln ließ.

An den Barackentüren schoben sich Zuschauer zusammen. Als die Frau ihren Tanz beendet hatte, der Leierkasten schwieg, ging sie von Tür zu Tür, streckte ihre Hände aus und bat um Brot und Schnaps. Wortlos zogen sich alle zurück und schlossen die Türen.

Einige Tage später hielt an der Einfahrt zum Barackenlager ein Lastwagen, von dem die beiden alten Leute, die Drehorgel und das Äffchen abgeladen wurden. Das Äffchen setzte man auf den Kasten, der Mann drehte die Orgel und die Frau nahm das Pfötchen des Äffchens und begann zu tanzen. An dem Lastwagen stellten sich drei SS-Männer auf und sahen lachend zu. Als der Tanz beendet war und die Frau mit bittenden Händen auf sie zuging, sprangen sie in das Auto und fuhren davon.

„Brot, Brot", rief sie und „Schnaps, Schnaps!"

Die Baracken-Zuschauer wandten sich ab und gingen. Wimmernd nahm die Frau das Pfötchen des Äffchens, und sie setzten sich miteinander in Bewegung, um in einer Baracke zu verschwinden.

Nun spielten sie mehrmals am Tage auf dem Platz zwischen den Baracken. Nicht mehr zum Vergnügen der Bewohner. Kinder bewarfen sie mit Steinen, Erwachsene jagten sie mit groben Worten davon, und man nannte die beiden Alten Adam und Eva.

Immer wieder verließen Adam und Eva das Lager, um außerhalb zu spielen, zu tanzen und zu betteln. Immer wieder wurden sie von Polizisten oder SS-Männern zurückgebracht. Einmal nahm die SS das Äffchen mit. Da verlor auch der ehrwürdig aussehende alte Mann seine Haltung. Er kniete vor einem SS-Mann nieder und hielt bittend seine Hände empor. Was er sagte, konnte niemand verstehen.

Weinend hielt sich die Frau am Leierkasten fest, und sie gingen in die Baracke.

Dann tanzte die Frau ohne Musik. Ihre schweren Schuhe stampften mit hohlen Tönen den Boden, und ihre Hände, die in fingerfreien Handschuhen steckten, schwangen ihre schmutzigen Röcke. Danach bat sie wieder um Brot und Schnaps, und es schlossen sich Fenster und Türen. Auf dem Weg zur Latrine schrie sie: „Kaputt, Mann kaputt!"

Jemand sagte, daß Adam tot sei. Man erklärte ihr, wem sie es melden müsse. Sie nickte und bat um Schnaps. Als nach zwei Tagen Adam immer noch auf seiner Pritsche lag, gaben andere der zuständigen Verwaltung Bescheid, und er wurde in einer Holzkiste fortgebracht.

Die Frau tanzte noch einige Male auf dem Platz, um dann zu betteln.

Eines Tages war sie fort. Niemand fragte nach ihr, niemand vermißte sie, niemanden ging das etwas an.

Lieber

Lieber war zehn Jahre alt. Ein rotznasiger, schmutziger Junge, der Rassel spielte und den Rassel auch immer bei sich hatte.

Der Rassel war eine Fahrradfelge, die wie ein Kreisel gehandhabt wurde. Im Barackenlager ein kostbarer Besitz, um den ihn andere Kinder beneideten. Darum trennte sich Lieber auch nie von ihm. Trug er den Rassel nicht in seiner Hand, dann hängte er ihn sich um den Hals oder über die Schulter. Das Stöckchen zum Antreiben des Rassels steckte er sich manchmal wie einen Bleistift hinter das Ohr oder zwischen seine starken, gelbweißen Zähne. Liebers Mutter, von weitem eine schöne Frau, rief ihn stets mit einer leisen, heiseren Stimme. Wenn sie dann ihre Arme ausbreitete und den schmutzigen Lieber an sich drückte und küßte, war er nicht mehr der freche Lagerjunge. Meistens trug Liebers Mutter ein buntes Tuch um ihr tiefschwarzes Haar. In der Nähe nahm ihre Schönheit ab. Da war ihre Haut grau und großporig, die Augen hoben sich braungrün und lebhaft aus dem müden, ungepflegten Gesicht ab. Ihre Fingerkuppen waren schwarz und rissig, und die Nägel sahen aufgeweicht und filzig aus.

Liebers Mutter war eine der fleißigsten Frauen im Lager. Sie stand fast Tag für Tag mit einem Waschzuber vor der Baracke, und man sah deutlich ihren schmalen, gebeugten Rücken. Wenn Lieber mit seinem Rassel an ihr vorbeilief, umfaßte er sie und bohrte sein Gesicht in ihre Kleider. Sie legte die Hände mit schmutzigem Seifenschaum um ihn und sprach zärtlich zu ihm hinunter.

Die Frau hatte noch zwei größere Söhne, von denen gesagt wurde, es seien nicht ihre. Doch nannten auch die sie Mama, und sie sorgte in gleicher Weise für sie wie für Lieber. Nur sprach sie anders mit ihnen. Es gab heftige Streitereien, in denen sie die jungen Männer mit Lederriemen gestraft haben soll.

Die vier wohnten in einem Zimmer, und auf dem kleinen Herd stand immer ein riesiger, eiserner Topf, aus dem es manchmal nach gutem Essen roch.

Von Zeit zu Zeit hörte es sich an, als feierten sie ein Fest. Zum Spiel einer Geige haben sie gesungen und getanzt, daß die Baracke bebte. Die Geige hat dann ein SS-Mann mitgenommen, und danach waren sie auch nicht mehr so fröhlich.

Eines Tages war Lieber nicht mehr da. Nur Lieber hatten sie mitgenommen. Seiner Mutter gingen alle aus dem Weg. Ihr Leid war ihnen zu viel.

Den Weg zur Latrine sah man sie hin und wieder gehen, und von Mal zu Mal war sie älter, geschrumpfter, gebrochener. Sie wusch nicht mehr, sie kochte nicht mehr, sie sprach nicht mehr.

Nachdem die beiden großen Söhne geholt worden waren, stand sie nicht mehr auf. Bald darauf trug man sie in einer Holzkiste aus dem Lager.

Das Brot

An jedem Mittwoch hatte sie ein Brot vom Kloster abzuholen. Mittwochs wurde im Kapuzinerkloster Brot für die Leute gebacken, die nicht genug zu essen hatten. Mittwochs drängten sich in einem gekachelten Raum an der Klosterpforte die Armen, die einander nicht sehen wollten. Mittwochs roch es in dem gekachelten Raum nach frischem Brot. An anderen Tagen überwog der Geruch von Weihrauch und Weihwasser. Mittwochs rannte sie von der Schule weg, verkürzte den Weg durch Gäßchen und Stiegen, um vor dem Zwölfuhrläuten das Brot zu erhalten. Um zwölf Uhr gingen die Patres zu Tisch und hielten ihre Gebete.

Einmal war sie zu spät. Auf ihr Läuten erschien der Pater nicht. Da saß sie in dem kalten, gekachelten Raum und hatte den Mut nicht, ohne Brot zu gehen. Ganz verzweifelt war sie und überlegte und überlegte.
Wenn sie nun ginge, müßte sie gleich, wenn sie zu Hause eintraf, wieder zurück. Das Brot mußte sie auf jeden Fall holen. Dann mußte sie ihren Brüdern das Essen geben und danach das Geschirr spülen, und dann mußte sie sich beeilen, um ihrer Mutter beim Zeitungsaustragen zu helfen. Wenn sie abends ihre Hausauf-

gaben machen wollte, war es furchtbar laut in den Barackenwohnungen, und sie konnte vor Müdigkeit nicht mehr denken.

Alles das überlegte sie, und sie blieb mit ihrem Schulranzen auf dem Rücken sitzen, um sich auszuruhen. Ja, sie wollte sich ausruhen, doch sie merkte, daß das gar nicht möglich war mit der Unruhe in sich und der Angst, nicht rechtzeitig bei der Mutter zu sein.

Immer wieder läutete sie und immer wieder hörte sie die Patres bei ihren Gebeten. Als dann einer das Fensterchen öffnete, schimpfte er mit ihr, wegen ihrer Ungeduld.

Dann lief sie mit dem großen, unhandlichen Brotlaib ohne Vorsicht in eine Schar Getto-Kinder. Mit Geschrei fielen die über sie her, entwanden ihr das Brot mit Schlägen und Tritten und ließen sie am Boden liegen, sie verhöhnend.

Schnell stand sie wieder auf, rannte mit schmerzenden Gliedern und blutender Nase weiter und stellte zu Hause fest, daß sie zu spät war.

Zum Weinen hatte sie keine Zeit und auch zum Essen nicht. Hastig räumte sie auf, suchte ihren Bruder, und gemeinsam liefen sie los. Die Mutter war nervös und ungehalten, schalt sie wegen ihres Aussehens. Ihr steckte die Angst im Halse wegen des Brotes.

Auf dem Nachhauseweg mit der Mutter und dem Bruder versuchte sie mehrmals, von ihrem Unglück zu erzählen. Doch sie wußte nicht wie. In die Wohnung ging sie nicht mit hinein. Sie lehnte sich an die Barackenwand und dachte an das, was nun folgen würde. Und es kam – ein Donnerwetter an Worten und Prügel und zur weiteren Strafe nichts zu essen. Am nächsten Morgen, in der Frühstückspause, als sie die anderen Kinder essen sah, wurde ihr schwarz vor Augen. Sie kam zu sich, als sie Kakao roch und jemand ihr zuredete zu trinken, was sie gerne tat.

Mittwoch für Mittwoch lief sie aus der Schule fort, auch wenn der Unterricht nicht beendet war. Die Mitschülerinnen verhöhnten sie, die Getto-Kinder, denen es noch einige Male gelang, ihr das Brot zu klauen, und die Patres, die ihr sagten, ein Mädchen müsse freundlich und nett und fromm sein.
Über das „Mädchensein" hat sie sich im Barackenlager nie Gedanken machen können.

Fred und Fjedor

Sie waren Brüder, obwohl sie sich gar nicht ähnlich sahen. Fjedor war dunkelhaarig, schmal und groß, trug eine Brille und häufig einen Geigenkasten in einer Hand.

Fred war blond, sehr gesprächig, immer zu Spielen und Streichen aufgelegt. Er warf Messer, spielte mit Murmeln und erzählte viel, während die Getto-Kinder ihn anstarrten und ihm zuhörten.

Die Mutter von Fred und Fjedor war eine schöne, große, blonde Frau und auffallend gut gekleidet. Freundlich grüßend ging sie durch das Lager, während argwöhnische Blicke ihr folgten. Fjedors Geigenspiel war für alle Barackenbewohner eine Qual. Bei dem ständigen Wiederholen der gleichen Töne schimpfte es erst aus einer Wohnung, dann aus einer anderen, bis schließlich alle fluchten und ihrem Unmut freien Lauf ließen. Als einmal sogar Klavierspiel erklang und die Baracken in den Klängen zu erbeben schienen, richtete sich blanker Haß gegen das „feine Pack".

Fjedor stand fortan neben der Müllkippe und spielte in Sonne, Wind und Regen traurig klingende Weisen.

Fred hatte auf der anderen Straßenseite, bei den Arbeiterkindern, Anschluß gefunden und verbrachte seine Zeit mit ihnen. Die Mutter der beiden kochte häufig Pudding, den sie zum Abkühlen an das offene Fenster stellte. Gierige Kinderaugen sahen dann auf die gelbe oder braune Masse in einer Glasschüssel. Manchmal waren es zweifarbige Puddings, grün und rot oder rot und gelb.

Als die Kinder im Lager sich über Fred ärgerten, weil der sie nicht mehr beachtete und zu den „Besseren" ging, ließen sie ihren Zorn an der Puddingschüssel aus. Einmal warfen sie Schlacke auf die Schüssel, bis der Pudding mit einer schwarzen Schicht bedeckt war. Ein anderes Mal schoß einer mit einer Schleuder Steine dagegen, bis die Schüssel zersprang und der Pudding auseinanderlief. Seitdem stand nie mehr Pudding am Fenster.

Eines Tages kam Fred in einer Uniform der Hitlerjugend, der HJ. Da hörte man seine Mutter den ganzen Abend schimpfen und weinen. Aber Fred war ein stolzer Hitlerjunge; er ging fast nur noch in Uniform. Mit seinem blonden, glatt-gescheitelten Haar war er das Abbild eines deutschen Jungen, dem der Führer eine große Zukunft in einem großen deutschen Reich versprach. Die blonde Frau wurde stiller; sie war nicht mehr so freundlich – auch nicht mehr so schön gekleidet, und Fjedor spielte kaum noch Geige.

Dann, es war gegen Anfang des Krieges, ging Fred verstört durch das Lager und sagte: „Meine Mutter ist schon ein paar Tage fort, und ich weiß auch nicht, wo Fjedor ist."

Auf die Frage, ob er keine Verwandten habe, sagte er, die seien alle nicht mehr da.

Seine Mutter kam wieder. Scheu, verhärmt, fast gespenstisch. In der Nacht hörte man sie sprechen und weinen.

Auch Fred wurde stiller.

Eines Tages kam sein HJ-Führer mit dem Fahrrad, um ihn zum Dienst zu holen. Darauf hörte man ein Schimpfen und Schlagen im Lager, und alle wußten nun, wer Fred war.

„Du Judensau hast Uniform getragen. Ein Jude hat sich bei uns eingeschlichen!"

Drohungen ausstoßend, fuhr der HJ-Führer davon.

Kurze Zeit später lief Fred wieder alleine umher, auf seine Mutter und seinen Bruder wartend. Abermals waren sie geholt worden. Den Judenstern hatte Fred mit einer Sicherheitsnadel an seine Kleider gesteckt.

Bald sah man auch ihn nicht mehr, und als die Möbel abgeholt wurden, fragte niemand nach der Familie – sie war schon vergessen.

Der kleine Bruder

Gegenüber dem Barackenlager standen kleine Arbeiterhäuser. Angelika und Irmgard, die dort wohnten, hatten einen kleinen Bruder, den die ganze Familie hütete und hegte, als wäre er ein Prinz. Franz-Josef war immer sehr gut gekleidet, sein schwarzes Haar gescheitelt und seine Schuhe glänzten auch bei dem schlechtesten Wetter. Er war nie alleine auf der Straße. Eine seiner Schwestern war immer bei ihm, beschützte ihn nicht nur, sondern nahm ihn auch hin und wieder in die Arme, um ihn zu streicheln und zu küssen. Franz-Josef war ein aufgewecktes, fröhliches Kind, das viel lachte und sang.

Von Zeit zu Zeit hielt ein großes, schwarz-glänzendes Auto vor dem Haus, und ein Mann besuchte die Familie.

Doch dann kam das Auto seltener und seltener und schließlich gar nicht mehr.

Franz-Josef war nicht mehr Mittelpunkt der Familie. Er wurde nun gescholten und bestraft; er jammerte nach seiner Mutti und nach Angelika und Irmgard, die sich nicht mehr so liebevoll um ihn kümmerten.

Als der Krieg begann und der Vater Soldat wurde, war Franz-Josef sehr stolz auf seinen

Vati, doch durfte er ihn, als der ins Feld einrücken mußte, nicht an den Bahnhof begleiten. Er wurde zur Nachbarin gegeben, und vor lauter Kummer schrie er hinter seinen Eltern und Schwestern her.

Nach einem Jahr Krieg wurde Franz-Josef von einer braunen Schwester abgeholt. Seine Mutter übergab ihn der Frau und sagte, er solle mitgehen.

„Schick mich nicht weg, liebe Mutti, ich will auch immer artig sein. Bitte, bitte, Mutti, laß mich bei dir bleiben!" Erst als die Autotüren geschlossen waren, hörte man sein Weinen nicht mehr, wenn er auch sein entsetztes Gesicht gegen das Fenster drückte.

Seine Mutter ging wieder in die Waschküche.

Angelika und Irmgard erzählten, daß Franz-Josef nicht ihr richtiger Bruder, sondern ein Jude sei.

Weil der Führer gesagt hatte, daß Juden schlecht wären und Volksfeinde, darum mußte Franz-Josef weg.

Auf die Frage, wo er denn sei, sagten sie, daß sie es nicht wüßten und sie das auch nicht wissen wollten.

Die Russen

Etwa im zweiten Kriegsjahr rief eine dunkle, heisere Frauenstimme: „Tonia, Tonia!"
Sie schaute zum Fenster hinaus und sah eine junge, breitschultrige Frau mit derbem Gesichtsschnitt ein kleines Mädchen an die Hand nehmen, dem ein buntes Kopftuch den halben Kopf verhüllte.
Da die Frau und das Mädchen in eine Baracke gingen, konnte sie die beiden als neue Mitbewohner des Barackenlagers betrachten. Die große, kräftige Frau sah sie nun häufig und immer in Geschäftigkeit, das Kind mit dem Kopftuch an ihrer Seite.
Im Splittergraben, der im ersten Kriegsjahr durch Strafgefangene, von einem bewaffneten Soldaten bewacht, gebaut worden war, und den die Barackenbewohner bei Fliegeralarm aufsuchen mußten, saßen die Frau, das Kind und ein junger, dunkelhaariger Mann. Die Frau und der Mann sprachen laut und ungeniert miteinander in einer fremden Sprache, und beide kümmerten sich liebevoll um das Mädchen.
Der Luftschutzwart, der in den Arbeiterhäusern auf der anderen Straßenseite wohnte, hatte auch den Splittergraben des Barackenlagers mit zu beaufsichtigen. Er fragte den

Mann: „Was machen Sie hier?" Der antwortete in gutem Deutsch: „Wir warten den Alarm ab." „Wohnen Sie hier?"

„Ja."

„Dann ist es gut, andere dürfen hier nicht herein."

Kaum hatte der Luftschutzwart den Splittergraben verlassen, begann ein Inferno von Bomben, Flakgranaten und Phosphor auf die Stadt herniederzugehen. Der Graben hob und senkte sich, im zuckenden Licht der Hindenburglichter sah sie erstarrte, blasse Gesichter. Die junge Frau und der Mann hielten sich umschlungen, ihre Köpfe lehnten aneinander. Mit ihren Körpern schützten sie das Kind, das zwischen ihnen saß. Die Frau sprach vor sich hin, als würde sie beten, und das Kind blieb wie immer stumm.

Als es draußen stiller wurde, Entwarnung kam und die verstörten Menschen den Splittergraben verließen, wurden die jungen Leute an der Türe zur Seite gedrängt. Geduldig warteten sie, redeten in ihrer Sprache und hielten jeder eine Hand des Kindes.

„Hier liegt jemand!"

„Das ist ja der Luftschutzwart!"

„Wir müssen das melden!"

Niemand konnte sich entschließen, etwas zu tun. Da sagte der junge Mann: „Ich gehe."

Die anderen, erleichtert, nickten und entfernten sich. Der Luftschutzwart war von einem Flaksplitter getroffen worden und konnte nach etwa drei Wochen seinen Dienst wieder versehen. In einer nationalen Feierstunde erhielt er das Verwundetenabzeichen, das er stolz an seiner Brust trug.

Im Lager wurde von den Russen gesprochen, und sie begriff erst nach einiger Zeit, daß damit das junge Paar und das Kind gemeint waren.

Manchmal saß die Frau in der Frühlingssonne, strickte oder nähte und sprach mit dem Kind, dessen Stimme nicht zu hören war. Als die Sommersonne schien, war Tonia ohne Kopftuch. Ihre Kopfhaut sah rot und vernarbt aus, und es zeigte sich ein zarter, blonder Flaum. Sie saßen auf Kisten an der Barackenwand, die Frau hatte einen Arm um Tonia gelegt und sang mit ihrer dunklen, heiseren Stimme schwermütig klingende Lieder.

Mit einem Koffer, Taschen und anderem Gepäck verließen die jungen Leute das Lager, wie zu einer Reise. Das Kind ging zwischen ihnen, jeder hielt eine Hand. Ganz selbstverständlich stiegen sie in das Auto, in dem zwei SS-Männer saßen. Dann waren die Russen fort.

56

Familie B.

Frau B. war eine große, kräftige, blonde Frau, die langsam und gewählt sprach und viel Ruhe und Gelassenheit an den Tag legte.

Sie konnte die Frau in dieser Umgebung nicht einordnen. Was mit den Zigeunern war, spürte sie. Ihnen erging es wie ihr selbst. Warum Fjedor auch im Regen an der Müllkippe stand und Geige spielte, war ihr irgendwie begreiflich. Warum Adam und Eva ihre Drehorgel auch zwischen den Baracken spielten und danach um Brot bettelten, obwohl sich alle Türen vor ihnen schlossen, das wußte sie.

Warum aber Frau B. in einer rosa Seidenbluse am Waschzuber stand, während sich ihre starken blonden Haare wie Draht um ihren Kopf aufstellten, das war ihr rätselhaft. Im Abenddämmer, bei untergehender Sonne, hängte sie dann endlich die Wäsche auf die Leine, und am Morgen wunderte sie sich, kein Stück mehr vorzufinden.

Frau B. blieb ruhig. Auf ihren großen Füßen, die in ausgelatschten Pantoffeln steckten, mit einem blauen Morgenrock bekleidet, stand sie vor den leeren Wäscheleinen und erklärte würdevoll in Richtung der Baracken, daß ihr Mann ein alter Kämpfer sei, ein redlicher SA-Mann, der treu zu seinem Führer, Adolf Hitler, stehe.

Durch ein Mißverständnis befänden sie sich hier. Es würde sich aber bald aufklären und dann – ja, dann würde es den Wäschedieben schlechtgehen. Das drahtige Haar umstand ihr Gesicht wie ein Heiligenschein, und sie schritt in ihre Behausung zurück.

Frau B. hatte mit Sicherheit bessere Zeiten und eine bessere Welt erlebt. Weil sie sich von ihrem Führer nicht ungerecht behandelt fühlte, nahm ihr der Aufenthalt in der Umgebung nichts von ihrer Würde. Nur eines fiel ihr schwer: die Hausarbeit zu verrichten und die Sorge für die Familie zu tragen. So sprach sie häufig die Mutter an. Sobald sie die auf dem Platz erblickte, öffnete sich das Fenster, und es gab für die Mutter kein Ausweichen.

Als sie das erste Mal das Zimmer der Familie B. sah, das von zwei Erwachsenen und zwei Kindern – das dritte erwartete Frau B. – bewohnt wurde, erschrak sie.
Aufgehäuft in einer großen Schüssel stand auf dem Herd schmutziges Porzellan, wie sie es an Qualität und Schönheit nur aus Schaufenstern erlesener Geschäfte kannte. Über der Doppelpritsche hing ein Ölgemälde, von dem sie aus vielfarbiger Dunkelheit ein elfenzartes Gesicht ansah. In diesem seltsamen Chaos stand die

große, starke Frau, über deren gewölbtem Leib sich etwas zartblau Seidenes dehnte, und lächelte. Weil es ein Sonntag war, hatte sie sich bereit erklärt, mit den Söhnen spazierenzugehen. Frau B. wollte im Haushalt nachkommen. Mit großen Worten versuchte die Frau, ihr Mißgeschick zu erklären, und wies auf das Führerbild, das über dem Herd einen Platz gefunden hatte und meistens von trocknenden Windeln verdeckt war. Der Führer zeigte sich fleckig und knitterig, was Frau B. nicht zu stören schien. Sie glaubte an ihn.

„Stellen Sie sich vor, mein Mann wird am Westwall arbeiten. Für den Führer wird er den Westwall errichten."

Frau B. war es wohl gewöhnt, von der Mutter knappe oder gar keine Antwort zu erhalten. Und der Glaube dieser Frau war unerschütterlich, ebenso ihr Stolz, weil ihr Mann wieder für den Führer arbeiten durfte.

Es ging ihnen nun besser, aber sie lebten weiterhin mit fünf Personen in einem einzigen kleinen Raum des Barackenlagers.

Dann bat Frau B. wieder, an einem Sonntag auf die Kinder aufzupassen, weil ihre Schwester sie besuchen wollte. Ein Auto kam und ein elegantes Paar stieg aus, das sich zur Familie B. durchfragte, doch alsbald wieder davonfuhr. Der Mutter teilte Frau B. mit, daß ihr Schwager, ein Zahnarzt, sich nicht wohlgefühlt habe. In Zukunft kam manchmal die Schwester von Frau B. alleine. Ihr Auto stellte sie am Sportplatz ab, und wenn sie alle Kinder beschenkt hatte, ging sie wieder.

Als der Krieg begann, sah Frau B. für sich glückliche Zeiten voraus, denn als Soldat des Führers mußte ihr Mann doch rehabilitiert werden. – Er war in Polen, in Frankreich und in Rußland dabei, und seine einzige Beförderung war die zu einem Gefreiten.

Weitere blonde Babys erblickten das Licht der engen Stube, in der nun auch unzählige Kakerlaken lebten. Frau B. nahm die mit ruhiger Hand und warf sie auf die immer heiße Herdplatte, auf der entweder Wäsche oder Essen gekocht wurde. Zusammen mit den röstenden Kakerlaken entwickelten sie in dem Raum einen Dampf, wie er nur bei Orpheus in der Unterwelt vorgeherrscht haben konnte.

Herr B., den sie häufig betrunken, ansonsten aber als stolzen Vater seiner blonden Kinder erlebt hatte, kam mit einem Pferdefuhrwerk der deutschen Wehrmacht aus dem Krieg zurück und begann ein Fuhrgeschäft.

Die Verehrung, die Frau B. so lange für den Führer gehegt hatte, verlagerte sie auf ihren Mann und ihre heranwachsenden Söhne. Trotz ihrer Lebensuntüchtigkeit hatte sie eine große Familie geschaffen, von der sie umringt war und gebraucht wurde. Dazu hatte sich mit dem Ausgang des Krieges wie selbstverständlich die Schwester von Frau B. gesellt, von der es hieß, ihr Mann säße irgendwo, weil er ein großer Nazi war.

Immer erlebte sie Frau B. unerschütterlich und gelassen. Ob nun die Flak schoß, ob feindliche, bombenbeladene Flugzeuge im Anflug waren und andere sie mit ihren Kindern in den Splittergraben schoben, oder ob sie Kakerlaken und Wanzen von dem inzwischen verkleckerten Ölgemälde absuchte, um sie röstend zu töten. Frau B. wurde nie von ihrer Würde verlassen.

Schutt und Asche

Sechzehn Jahre wurde sie alt, als der Krieg vorüber war und die Nationalsozialistische Herrschaft vorbei.

Die Menschen lebten in Schutt und Asche. Die Stadt, das Land, alles lag in Schutt und Asche, und neues Leben entstand aus Schutt und Asche.

Sie lebte wie bisher – sie wußte nicht, wie es anders sein könnte. Ganz allmählich nur vollzogen sich Veränderungen. Sie wurde freier, sie wurde bemerkt, sie wurde begehrt, sie ließ sich umwerben. Und sie lernte Menschen kennen, die vor dem Ende des Krieges nicht einmal mit ihr gesprochen hätten.

„Besuchen Sie uns doch mal, Fräulein, es wird sicher lustig. Brigitte S., die Schauspielerin, wird auch da sein. Sie spielt ihre erste Rolle in dem Schauspiel ‚Der Herr mit den grauen Schläfen‘."

Das Theaterstück hatte sie gesehen. Auf einer improvisierten Bühne, in einem halbzerfallenen Saal. Auf groben Holzbänken sitzend, erlebte sie das erste Schauspiel ihres Lebens, das sie gefangennahm. Die Sprache hatte sie in Bann gehalten – nicht das Dargestellte. Was sagte ihr schon ein Stück, in dem sich Mutter und Tochter in den selben Mann verlieben. Das Wort Liebe war ihr zu fern, zu fremd. Aber die Schönheit der Sprache, die Wahl der Worte ließen sie mitgehen.

Wie im Traum ging sie nach Hause, und die Gedanken kreisten um das Erlebte, bis zu dem nächsten Schauspiel in Trümmern, Schutt und Asche.

Sie folgte der Einladung mit dem festen Willen, das Getto hinter sich zu lassen und um zu vergessen.

Vor der Wohnungstüre hörte sie, daß es drinnen lustig zuging. Auf ihr Klopfen öffnete ein junges Mädchen, das erwartungsvoll die Hände ausstreckte; es wollte etwas Mitgebrachtes in Empfang nehmen. Auf die Frage, was sie denn hätte mitbringen sollen, wurde sie nach Schnaps, Kaffee, Brot oder Wurst gefragt.

„Man kann doch nicht irgendwo hingehen, ohne etwas mitzubringen", wurde ihr gesagt. Nun ja – weil sie solche Gepflogenheiten nicht kannte und weil sie beteuerte, daß sie auch ganz gewiß nichts zu essen brauche, verzieh man ihr. In dem großen Zimmer mit wenig Möbeln standen und saßen Leute herum, die Gläser und Tassen hielten, rauchten und viel und laut redeten.

Die Gastgeberin schob sie auf ein Wesen zu, dessen Gesicht ihr bekannt vorkam. „Das ist Brigitte." Enttäuscht sah sie in das affektierte Augenpaar, enttäuscht hörte sie die unschöne Sprache und enttäuscht setzte sie sich auf einen Stuhl in eine Ecke.

Bunte Kleider und schlecht sitzende Anzüge schoben sich an ihr vorbei. Immer nur die Mitte der Personen sah sie. Um die dazugehörigen Gesichter zu sehen, mußte sie den Kopf in den Nacken legen.

„Herr Hauptmann, Herr Hauptmann", hörte sie die Gastgeberin. Aufmerksam geworden, lauschte sie dem Gespräch. Die Frauenstimme erkundigte sich nach dem SS-Standartenführer H., der doch so ein guter Mensch sei. Vor allem korrekt, und schließlich habe er als Standartenführer nur seine Pflicht getan. „Nein", protestierte die Gastgeberin, „eine Strafe hat er nicht verdient." Die Stimme des Hauptmanns beruhigte die Dame. Der SS-Standartenführer sei in Freiheit, es ginge ihm gut, er bekäme seine Offizierspension, würde ‚entnazifiziert'..." Wir haben unsere Leute am richtigen Platz, gnädige Frau." „Wie ist es mit dem schönen Haus vom KZ-Kommandanten, sind die Amerikaner noch drin?" wollte die Dame wissen. Die sonore, männliche Stimme lachte. Das Haus würde jetzt der Oberst S. aus Ost-

preußen dem Land abkaufen. Erleichtert berichtete dann die weibliche Stimme von einem Ausflug der Offiziersfrauen in dieses wunderschöne Haus. KZ-Häftlinge hatten es gebaut, und KZ-Häftlinge mit einem Judenstern waren das Hauspersonal. Vor den kahlen Köpfen und den gestreiften Anzügen hatte ihr gegraust. Doch imponierte es ihr, daß diese Untermenschen dort Gehorsam gelernt hatten. „Ach", gab sie mit einem Seufzer von sich, „was hätten wir für ein herrliches Land, wenn wir dem Führer nur ergebener gewesen wären."
„Ich danke Ihnen, gnädige Frau." Hackenknallen, kurzer, harter Schritt, das männliche Mittelstück entfernte sich. Weibliche Rundungen schoben sich vor ihren erstarrten Blick, und sie hörte Gekicher und intime Mitteilungen, die sie nicht recht verstand.

Sie hob den Kopf und sah die heuchlerischen, selbstgefälligen Gesichter, die Hohlheit und Verlogenheit, und sie wußte, daß in diesen Menschen keine Veränderung vorgegangen war.
Mit dem verlorenen Krieg hatten sie nur die Bilder ihres Führers, Adolf Hitler, von den Wänden genommen, und das ließ sie froh und frei selbst in Schutt und Asche leben.

Die Macht des Ortes
(statt eines Nachwortes)

„Wir sind zutiefst bestimmt von dem Ort, an dem wir geboren, an dem wir aufgewachsen, an den wir hingestellt sind." – Die „Macht des Ortes", so beschrieben von Julia Szilagyi, einer ungarischen Jüdin.

Am 16. Juni 1929 kam ich in Münster zur Welt. Meine Eltern wohnten damals an der Loddenheide, einem kleinen Flugplatz. Meine Erinnerung reicht zurück bis zu meinem dritten, vierten Lebensjahr. Das ist die Zeit der Machtergreifung durch die Nationalsozialisten, doch die habe ich nicht bewußt erfahren. Daß etwas Schlimmes geschah, spürte ich aber, wenn ich den Schilderungen meines Vaters vor zwei, drei oder mehr Zuhörern lauschte, die nun oft in seinem Zimmer saßen. Diese Leute schlichen sich in unser Haus, durch den Hofeingang oder durch den Keller. Vater sprach mit ihnen über Adolf Hitler, den Führer der NSDAP (Nationalsozialistische Deutsche Arbeiterpartei) und Reichskanzler Deutschlands.
Er sprach so von Hitler, als kenne er ihn gut und als habe der ihm seine politischen Absichten mitgeteilt. Anfangs glaubte ich, dieser Hitler sei ebenso ein Bekannter meines Vaters

wie die Besucher. Doch bald hörte ich aus ihren Worten auch Angst, Ablehnung, ja sogar Haß heraus.

So redeten, planten und schrieben sie, machten sich Mut und waren verzweifelt. Die unruhigen Nächte waren mit Papiergeraschel erfüllt.

Von der Kaffeerösterei, die Vater in Ostbevern besaß, war bald nicht mehr die Rede. Das Dreiradauto stand meistens im Hof, und Vater las Zeitungen über Zeitungen, um dann an seiner Schreibmaschine etwas zu schreiben, was mit den anderen in heftigen Diskussionen besprochen wurde.

Instinktiv fühlte ich die Gefahr, weil immer mehr Leute kamen und Vaters Hilfe forderten.

Heute weiß ich, daß zu der Zeit in unserer Wohnung Flugblätter gegen die NSDAP hergestellt wurden und Vater für eine sozialdemokratische Zeitung geschrieben hat.

Das Geld wurde knapp, das Essen ebenfalls. Mutter war traurig und klagte, Vater grübelte, las Zeitungen und schrieb. Nun kamen auch manchmal Männer mit zerschlagenen Gesichtern, hinter denen Vater die Türe schloß, und ein aufgeregtes Tuscheln war zu hören. Mich muß das sehr aufgeregt haben, denn ich ging in den Garten unserer Nachbarn, um dort den Blumen die Köpfe abzureißen und in meiner

Schürze zu sammeln. Immer wieder kletterte ich über den niedrigen Zaun, trotz der Ermahnungen, trotz der Strafen.

Als dann die Tür von Vaters Zimmer weit offen stand und Mutter ein verweintes Gesicht hatte, traute ich mich nicht mehr, in das Zimmer hineinzugehen. Alles war so still nach dem Kommen und Gehen. Eine Stille, als müsse man den Atem anhalten oder ganz laut schreien. Eine Stille, in der nur noch die Uhren tickten und Mutter mit verweinter Stimme sprach. Viele Jahre später erst habe ich erfahren, daß Vater damals von der Gestapo zu einem Verhör geholt worden war.

Vater kam wieder: Er trug deutliche Spuren von Gewaltanwendung an seinem Körper. Er war still und müde und schien tatenlos. Die Zeitungen las er ohne Kommentar, nur noch ein Nicken oder ein Murmeln zeigte seine Teilnahme.
Die Tür zu seinem Zimmer blieb offen, wir störten ihn nicht mehr. Wenn er auf der Schreibmaschine schrieb, war es langsam, zögernd und ohne Überzeugungskraft.
Für ihn war wohl alles entschieden. Er hatte erkennen müssen, daß jetzt, allein gelassen von den Parteigenossen, er gegen die zuneh-

mende Macht der Nationalsozialisten nichts
mehr erreichen konnte.

1935 wurde mein Vater verhaftet.
Ein Pferdefuhrwerk kam. Einige unserer Möbel
wurden aufgeladen – wie Gerümpel zusam-
mengeschmissen. Und man brachte meine
Mutter, meine zwei Brüder und mich in eine
Wohnung, die neben einem Hafen des Dort-
mund-Ems-Kanals lag. Es waren zwei Räume
in einem riesigen Lagerhaus, das leer stand.
Nachbarn gab es nicht, nur Kohlenhalden,
Kies- und Sandberge und zwei erdrückende
Gaskessel in Sichtweite. Mäuse huschten über
die Betten und über unsere Gesichter hinweg,
Ratten tobten und polterten auf dem Dachbo-
den des Lagerhauses und stießen ihre Pfiffe
aus.

Dann kam wieder ein Pferdefuhrwerk, das
unsere Habseligkeiten fortschaffte. Wieder gingen Mutter, der Tränen über das Gesicht liefen,
und wir Kinder hinterher. Es war ein weiter
Weg, quer durch die Stadt, und er endete zwischen vier Holzbaracken, von einem Graben
umgeben. Gefühlsmäßig war auch uns Kindern klar, wo wir uns befanden.
Damit begann im Winter 1935/36 der Aufenthalt im Getto. Der Horstmarer Landweg 93

sollte für mehr als zehn Jahre unsere Wohn-
statt bleiben.

In den Baracken lebten Menschen aus den un-
terschiedlichsten Milieus, Menschen, die aus
den verschiedensten Gründen in diesem Getto
zu leben gezwungen wurden. Ich sah Auslän-
der, Juden und Zigeuner. Ich sah Menschen
mit dunkler Hautfarbe und schwarzen, locki-
gen Haaren, die sowohl in meiner als auch in
einer fremden Sprache redeten. Menschen, die
betonten, daß sie Deutsche seien. Ich verstand
damals nicht, warum das für sie so wichtig
war. Ich sah nur ihre Verzweiflung und Hilf-
losigkeit, wenn sie versuchten, die Blondheit
ihrer Großmütter oder Großväter zu beweisen,
wenn sie versuchten, ihre arische Reinheit zu
beweisen.

Erst mit der Zeit begriff ich, warum es für sie
so wichtig war, als Deutsche oder Arier aner-
kannt zu werden. Obwohl Zigeuner und auch
Juden oft seit Generationen in Deutschland lebten, nahmen die Nationalsozialisten ihnen die
Heimat. Mehr noch: Man steckte diese Menschen in Gefängnisse, Zuchthäuser, sperrte sie
in Konzentrationslagern ein, quälte sie, tötete
sie – mit der Rechtfertigung, sie gehörten einer
‚minderwertigen Rasse' an. Schon der Sprach-
gebrauch bagatellisierte solche Grausam-

keiten: „Man hat sie geholt", hieß es.

Deutschtum wurde in Uniformen demonstriert, mit zackigem Hitlergruß, schneidender Befehlsstimme, beflissenem Gehorsam und eiserner Selbstdisziplin. Deutschtum bedeutete im Dritten Reich auch Führerkult: Die Todesbereitschaft, die Opferwilligkeit für den Führer Adolf Hitler.

Deutschtum war nicht für Menschen gedacht, die in das Barackenlager verbannt waren, nicht für meine Familie, nicht für mich.

Das Ausgestoßensein aus der Gemeinschaft der Jugend war schmerzlich. Wenigstens in der Schule wollte ich dazu gehören. So schloß ich mich auch nicht aus, wenn an besonderen Tagen, an Führers Geburtstag beispielsweise, Adolf Hitlers Lebensgeschichte abgefragt wurde oder wichtige Daten aus der Geschichte der nationalsozialistischen Bewegung. In der Schule wollte ich dazu gehören, weil mir das Lernen Freude machte und mir dort Bereiche geboten wurden, für die es sich nach meinem Empfinden einzusetzen lohnte. Alles Geschriebene machte mich neugierig und wißbegierig. Mit Begeisterung lernte ich lange Gedichte auswendig und erzählte Geschichten nach. Aber ich wußte auch, daß meine schulischen Leistungen keine Anerkennung finden wür-

den, weil ich den Stempel des „nicht nationalsozialistischen Deutschen" trug.

Nie erschien ich in Uniform in der Schule, und
nie hatte ich Beiträge aus dem Jungmädelbund
oder dem BDM einzubringen. Ich war ein
„Volksfeind", wurde so gesehen und wurde so
behandelt.

Vater hat alles erlitten und ertragen, was politisch Verfolgten widerfahren konnte. Bei seiner
Entlassung aus der Haft hat er ein Einver-
ständnis unterschreiben müssen, nie darüber
zu sprechen. Er war zu nächtlicher Zwangs-
arbeit verurteilt. Seine Nachtruhe mußte er am
Tage halten, was in den Baracken, wo jeder
jeden erlebte, unmöglich war.

Wenn es still wurde, mußte Vater zur Arbeit
gehen. Weil ich in der Küche auf einer durchge-
sessenen Chaiselongue schlief, habe ich oft
seine Vorbereitungen beobachtet. Die Last, die
auf ihm lag, spürte ich körperlich. Sein Gesicht
war von Leiden und tiefem Gram gezeichnet,
aber auch von geistiger Stärke, für die er durch
diese Arbeit mit Demütigung und der Zerstö-
rung seiner Person zu zahlen hatte.

In dieser stillen Stunde, wenn Vater seinen
Kaffee trank und fast lautlos in der Küche han-
tierte, fühlte ich mich mit ihm am Abgrund
des Menschseins. Dann dachte ich oft an den

Kindergarten zurück, an ein Spiel, bei dem ich ein Schneeflöckchen sein durfte. War das alles, das ich einmal eine Schneeflocke gespielt hatte? Hörte dann meine Kindheit auf? Hier gab es keine Trennung zwischen Erwachsenen- und Kinderwelt. Hier, wo man die Tragödien der anderen übersah, um nicht an die eigenen erinnert zu werden. Hier, wo sich Frauen über die Köpfe und Ohren der Einwohner von fünf Wohnungen hinweg stritten. Hier, wo man den nächtlichen Besuch der SS bei anderen mit-erlebte und froh war, nicht selbst betroffen zu sein.

Hier würde ich nie daran denken, ein Schnee-flöckchen sein zu wollen. Nein, eine Schnee-flocke könnte ich hier nicht sein. So wenig, wie ich hier singen und lachen konnte. Wer sang hier auch schon? Manchmal betrunkene Frauen und Männer.

Am Morgen, wenn wir zur Schule gingen, kam Vater meistens zurück. Sein gequältes Gesicht war grau und nervös. Selten fand er Ruhe in sich. Sein beständiges Aufgewühltsein über-trug sich auf uns alle. Mit seiner morgendli-chen Wiederkehr wurde uns allen das Ausgelie-fertsein an eine barbarische Macht vermittelt, Vaters ganze Erscheinung drückte es aus.

Barackenlager waren im Dritten Reich keine Seltenheit; sie hatten den Sinn, politisch Geächtete und ‚rassisch Minderwertige' abzusondern und zu unterdrücken. Ich glaube, damals hat kaum jemand auf Barackenlager besonders geachtet. Baracken waren schnell aufzustellen, schnell zu beziehen und auch leicht wieder zu entfernen. Die Baracken trugen jedoch den Stempel der Armut und Verwahrlosung. Jeder, der dort lebte, trug diesen Stempel. Und Armut war die einzige bindende Gemeinsamkeit der Bewohner im Barackenlager.

So ist auch dieser Ort in mir: Ich sehe mit Augen, die im Getto sehen lernten, und ich höre mit Ohren, die die Sprache der Verelendung kennen.
Ich lebe immer noch mit der Macht dieses Ortes!

1959 starb mein Vater, verzweifelt darüber, daß die dunkelste Vergangenheit der jüngsten deutschen Geschichte wenig Nachklang zu seiner Lebenszeit gefunden hat.

Das Kapitel „Die Macht des Ortes" setzt sich aus Passagen eines noch nicht abgeschlossenen autobiographischen Romans der Autorin zusammen.

Begriffserklärungen

Alter Kämpfer
Im NS-Jargon Bezeichnung für Mitglieder der NSDAP, die der Partei vor der <u>Machtergreifung</u> beigetreten waren.

Arisch
Bezeichnung der Nationalsozialisten für die Deutschen, die frei von fremdem Rassenerbgut (Blut) und ohne jüdische Religionszugehörigkeit waren. Neben den <u>Juden</u> galten alle eingeborenen Rassen der nicht-europäischen Länder sowie die Zigeuner als artfremd. Die Nicht-Arier wurden als Untermenschen deklassiert.

BDM
Abkürzung für „Bund Deutscher Mädel"; innerhalb der <u>HJ</u> die Organisation für die 14 – 18jährigen Mädchen.

Braune Schwestern
Krankenpflegerinnen der „NS-Schwesternschaft" und Schwestern des Reichsbundes der freien Schwestern und Pflegerinnen, die in der Hauskrankenpflege der „NS-Volkswohlfahrt" arbeiteten.

Deutschlandlied
Das dreistrophige Lied wurde 1922 zur deutschen Nationalhymne (Text: Hoffmann von Fallersleben, 1841, Melodie: Joseph Haydn, 1797). Seit dem 6. 5. 1952 ist das Lied Nationalhymne der Bundesrepublik Deutschland. Bei amtlichem Anlaß wird heute nur die dritte Strophe gesungen.

Drittes Reich
Bezeichnung der Nationalsozialisten für das Deutsche Reich zwischen 1933 und 1945. Nach nationalsozialistischer Geschichtsauffassung war das Erste Reich das Heilige Römische Reich Deutscher Nation (962 – 1806), das Zweite Reich das Kaiserreich der Hohenzollern (1871 –

1918). Mit dem Begriff verbanden die Nationalsozialisten zudem die Erwartung auf ein tausendjähriges Reich.

Entnazifizierung

Verfahren der Besatzungsbehörden nach dem Zweiten Weltkrieg (1933–1945) „zur Befreiung des deutschen Volkes vom Nationalsozialismus und Militarismus". Es wurde versucht, alle Mitglieder der NSDAP und ihrer Organisationen aus staatlichen, politischen und wirtschaftlichen Stellungen zu entfernen, sie je nach ihrer Verantwortlichkeit zu bestrafen und alle nationalsozialistischen Einflüsse zu beseitigen.

Führer und Reichskanzler

Seit dem 2. 8. 1934 die offiziellen Titel Adolf Hitlers. Hitler war am 29. 7. 1921 zum 1. Vorsitzenden der NSDAP gewählt worden.
Am 30. 1. 1933 wurde er vom damaligen Reichspräsidenten Paul von Hindenburg zum Reichskanzler ernannt.

Gefolgschaft

Unter diesem Begriff verstanden die Nationalsozialisten eine Gemeinschaft, die sich durch eine bestimmte Haltung ihrer Mitglieder definierte:
Die Mitglieder einer Gefolgschaft mußten ihrem Führer treu ergeben sein, ihm unbedingten Gehorsam leisten und sich seinen Weisungen bedingungslos unterordnen. Die größte Gefolgschaft war für die Nationalsozialisten das deutsche Volk, an dessen Spitze der Führer stand.

Gestapo

Abkürzung für „Geheime Staatspolizei". Die Gestapo war in Deutschland 1933–1945 die politische Polizei des NS-Regimes. Sie wurde eingesetzt, um Vorhaben und Aktionen zu bekämpfen, die gegen den Staat und die Macht der Nationalsozialisten gerichtet waren.

Hakenkreuz

Ein gleichschenkliges Kreuz mit 4 in die gleiche Richtung weisenden rechtwinkligen, geknickten (auch gebogenen) Armen. Seit ca. 4000 v. Chr. ist das Hakenkreuz ein verbreitetes Heilszeichen; es ist auch bei semitischen Völkern anzutreffen. Um 1900 wurde das Hakenkreuz zum politischen Zeichen; verschiedenste politische Gruppierungen benutzten es nun als judenfeindliches Symbol. Seit 1920 war es das Kennzeichen, das Symbol der NSDAP (Hakenkreuzfahne).

Adolf Hitler

Geb. 20. 4. 1889 in Braunau (Oberösterreich), gest. 30. 4. 1945 in Berlin (Selbstmord). Adolf Hitler wollte Maler werden, wurde aber von der Akademie der Bildenden Künste in Wien wegen mangelnder Begabung abgelehnt. 1913 kam Hitler nach München. Er nahm am Ersten Weltkrieg als Soldat im deutschen Heer teil und wurde 1919 Mitglied der „Deutschen Arbeiterpartei", aus der die NSDAP hervorging. Hitler unternahm 1923 (8./9. 11.) in München den Versuch, die bayrische und die Reichsregierung zu stürzen. Der Putschversuch mißlang. Hitler wurde zu 5 Jahren Festungshaft verurteilt, doch bereits im Dezember 1924 vorzeitig entlassen. Während der Haft schrieb er sein programmatisches Buch „Mein Kampf". 1925 gründete Hitler die NSDAP neu. Er versuchte nun auf legalem Weg an die Macht zu kommen. Am 30. 1. 1933 wurde er als Führer der stärksten Partei zum Reichskanzler ernannt. (Seit 1932 war Hitler deutscher Staatsangehöriger.) Nach dem Tod des Reichspräsidenten Hindenburg (2. 8. 1934) machte Hitler sich als <u>Führer und Reichskanzler</u> zum Staatsoberhaupt.

Hitlerjugend (HJ)

Die Hitlerjugend war die nationalsozialistische Jugendorganisation mit verschiedenen Untergliederungen. Sie wurde 1926 gegründet. Am 1. 12. 1936 wurde ein Gesetz über die Hitlerjugend erlassen. Es bestimmte, die gesamte deutsche Jugend innerhalb des Deutschen Reichsgebietes solle in der Hitlerjugend zusammengefaßt werden. Ziel dieser Organisation war es, die Jugendlichen körperlich, geistig und sittlich im Geiste des Nationalsozialismus zum Dienst am Volk und zur Volksgemeinschaft zu erziehen. Vom Gesetz über die Hitlerjugend wurde die Jugenddienstpflicht abgeleitet.

Juden

Eine Volks- und Religionsgemeinschaft, die über fast alle Länder zerstreut ist. Die Juden sind keine biologische, sondern eine sozial-religiöse Einheit. Die Nationalsozialisten sprachen in ihrer „Rassenkunde" von den Juden als einer minderwertigen Rasse, vor der die „nordische Rasse" (nordisch = arisch, germanisch), zu der in der Mehrzahl die Deutschen zählten, geschützt werden müßte. Sie wurden als Staatsfeinde bezeichnet. Ab 1933 waren die Juden schwersten Verfolgungen ausgesetzt. Es wurden Terroraktionen durch die SS und SA durchgeführt; die Juden wurden aus dem wirtschaftlichen und sozialen Leben ausgeschlossen; sie mußten den Judenstern tragen. Diese und andere Vorgehensweisen wurden durch das Rassengesetz von 1935 legalisiert. Nach 1941 setzten dann konkrete Planungen zur vollständigen Vernichtung der Juden ein. In den Konzentrationslagern (Treblinka, Maidanek, Auschwitz-Birkenau, Belzek) wurden Millionen von Juden vergast oder auf andere Weise umgebracht.

Konzentrationslager (KZ)

Bezeichnung für die Häftlingslager, die 1933 bis 1945 im nationalsozialistischen Herrschaftsbereich errichtet wurden. In den KZ wurden Gegner des Nationalsozialismus und Menschen, die zu Gegner erklärt wurden, Juden, Zigeuner und Kriegsgefangene inhaftiert und vielfach ermordet – anfangs vereinzelt, später millionenfach.

Machtergreifung / Machtübernahme

Diese beiden Begriffe wurden von den Nationalsozialisten für den 30. 1. 1933 verwendet. An diesem Tag wurde <u>Adolf Hitler</u> zum Reichskanzler ernannt.

Reichsarbeitsdienst (RAD)

Am 26. 6. 1935 wurde die Arbeitsdienstpflicht durch ein Gesetz eingeführt. Alle Jugendlichen ab 18 Jahren wurden zu einem 6monatigen Arbeitseinsatz und zum Lagerleben mit militärischer Disziplin verpflichtet. Während der Arbeitsdienstzeit trugen die Männer und Frauen eine braune Uniform mit einer <u>Hakenkreuz</u>binde um den Arm.

SA

Abkürzung für „Sturmabteilung", eine militärisch organisierte und uniformierte Kampf- und Schutztruppe der NSDAP. Sie bestand seit 1921 und war wesentlich beteiligt am Kampf um die <u>Machtergreifung</u>.

SS

Abkürzung für „Schutzstaffel". Sie wurde 1925 gegründet zum Schutz <u>Adolf Hitlers</u>. Anfangs war die SS eine Unterorganisation der <u>SA</u>. Nach dem angeblichen Röhmputsch 1934 wurde die SA entmachtet, und Hitler erklärte die SS zu einer selbständigen Organisation. Ihr unterstanden die <u>Gestapo</u>, der SD (Geheimdienst) und nach 1936 der gesamte Polizeiapparat. Die SS war verantwortlich für die <u>Konzentrationslager</u> und die Einsatztruppen in den von Deutschland besetzten Gebieten, deren Aufgabe die Verfolgung politischer Gegner und rassisch Verfemter war.

Im Nürnberger Prozeß wurde die gesamte SS als verbrecherische Organisation verurteilt.

Westwall

Militärischer Befestigungsgürtel an der Westgrenze des Deutschen Reiches; im Juni 1938 begonnen, bei Kriegsausbruch im wesentlichen fertiggestellt. Er bestand aus Panzersperren, Bunkern und Kampfständen.